AF431492